Jean-Julien De

Le château de Fénelon

L'un des plus prestigieux monuments du Périgord

Verrou gothique, XVe siècle.

Préface
Jean des Cars

Photographies
Louis Bourdon, Arnaud Chicurel, Béatrice Mollaret,
Jérôme Morel, Dominique Repérant et Lucien Roulland

ÉDITIONS SUD OUEST

Vue aérienne du château et de ses trois enceintes fortifiées.
À gauche, le cèdre du Liban.

Préface

La majesté de Fénelon

C'est une curiosité : il est rare, en France, qu'un château porte le nom d'un prélat. Mais cette appellation est justifiée puisque c'est dans ce château, l'un des plus impressionnants du Périgord Noir, aux confins du Quercy, qu'est né François de Salignac de La Mothe-Fénelon le 6 août 1651.

Il a rendu célèbre cette imposante forteresse érigée sur la vallée de la Dordogne, montant la garde comme la sentinelle d'une région très convoitée. À la naissance du futur archevêque de Cambrai, le monument actuel a déjà, dans quelques vestiges, quatre siècles d'une histoire mouvementée en raison de sa position stratégique. Repaire cathare, bastion anglais pendant la guerre de Cent Ans et donc souvent assiégé, l'élan du gothique, au XVe siècle, confère au lieu une richesse supplémentaire. Au XVIIe siècle, l'ajout d'une galerie voûtée offre une vue exceptionnelle sur la vallée et l'empreinte de la famille de Fénelon est alors gravée dans quatre cents ans d'histoire.

Si le Grand Siècle connut des dignitaires religieux également orateurs remarquables comme Bossuet, celui-ci trouve en l'archevêque Fénelon un contradicteur engagé dans une fameuse controverse, mais aussi un écrivain, un critique et un auteur spirituel. Par ailleurs, ce serviteur de Dieu avait des ambitions politiques dans l'espoir de l'avènement du duc de Bourgogne dont il avait été le précepteur pendant six ans, jusqu'en 1695. Comme Saint-Simon, Fénelon a la plume acérée et est un adversaire de l'absolutisme. S'il souhaite conserver ou rétablir les prérogatives de l'aristocratie, il rappelle au roi l'importance de ses devoirs et aux grands personnages leurs obligations. Dans les écrits qui l'ont rendu célèbre, comme sa *Lettre à Louis XIV*, en 1694, et bien sûr *Télémaque*, à l'orée du XVIIIe siècle, roman didactique sur l'exercice du pouvoir, il y a des vues politiques audacieuses annonçant, parfois, celles des philosophes des Lumières.

Aujourd'hui, en visitant ce château majestueux, propriété privée et heureusement habitée, on se plonge avec plaisir dans une histoire à la fois héroïque et intellectuelle, racontée par trois enceintes fortifiées et des idées élevées. Et on apprécie l'aménagement du mobilier, les collections exposées et le souvenir d'un personnage qui a marqué durablement la région, mais aussi la France de son époque.

Jean des CARS

À mes parents Jean-Luc et Dominique, chevaliers du patrimoine.
À ma sœur Céline, la meilleure amie des Lettres.
À M. aux cheveux d'or…

Du haut de son « pech », à 200 mètres d'altitude, aux confins du Périgord et du Quercy, se dresse fièrement le château de Fénelon. Il est la première forteresse d'importance verrouillant l'accès à la vallée de la Dordogne, en Périgord. Avec lui s'ouvre l'éclatant cortège de monuments s'étirant tout le long de la rivière, sur une vingtaine de kilomètres.

Les origines

L'histoire du château se perd dans les brumes du Haut Moyen Âge. Après la dislocation de l'Empire romain s'ouvre une vaste période de recomposition politique et sociale. En ces temps mouvementés d'où émergera le royaume de France, les hommes trouvent en ce promontoire rocheux un lieu aisément défendable, mais aussi un observatoire idéal sur la vallée, véritable couloir naturel qu'emprunteront tour à tour Wisigoths, Francs, Sarrasins et enfin Vikings, sur le chemin de leurs conquêtes ou raids. De cette époque demeure un morceau de crypte – souvenir d'une antique chapelle – renfermant toujours en son sein un émouvant sarcophage d'enfant en pierre monolithe. Daté du VIIe siècle, cet ensemble archéologique constitue le plus ancien vestige architectural connu du site et nous rappelle qu'à une époque où l'Église conquérante avait force de miracles, s'est écrite en ces terres une page méconnue de l'histoire chrétienne du Périgord.

Car, dans la commune qui prendra son nom, vit sainte Mondane. Le Périgord est alors attaché au royaume d'Aquitaine qui a succédé au royaume wisigothique dans le Grand Sud-Ouest. Mondane est l'épouse de Laban, gouverneur de la région, appelée alors Calabre, connu pour sa bienfaisance et son esprit de justice. Leur fils Sacerdos, futur évêque de Limoges et saint patron du Sarladais, embrasse la vie monastique et témoigne d'une profonde ferveur. Touchée par son enseignement, Mondane se détourne des biens séculiers et se retire dans les falaises voisines de la colline de Fénelon pour mener une vie d'ascèse. Le 31 mai 722, elle meurt martyrisée par les Sarrasins, à l'assaut de l'Occident depuis 711. De nombreux pèlerins se mettent alors à converger vers ce lieu consacré par le sang du sacrifice et on peut se plaire à imaginer que cette ancienne chapelle recueillit certainement les premières reliques de la sainte.

Au début du IXe siècle, Charlemagne mène la *Renovatio Romani Imperii* (« rénovation de l'Empire romain ») et instaure une administration centralisée, mais à sa mort, en 814, selon les anciennes coutumes franques, l'empire est partagé entre ses héritiers, ce qui causera l'affaiblissement continu de l'autorité carolingienne. La dislocation du pouvoir politique et le morcellement territorial qui s'est ensuivi engendrent alors, dans l'aristocratie d'Europe occidentale, la mise en place d'un système complexe d'alliances et de dépendances appelé féodalité. C'est dans ce contexte qu'apparaît la seigneurie de Fénelon, vassale de la puissante vicomté de Turenne, avec la construction d'un *castrum* bâti sans doute au tournant de l'An Mil.

Le repaire cathare

À cette même époque, provenant de Bulgarie, se répand en Aquitaine et dans le Midi le catharisme. Cette doctrine que l'Église juge hérétique repose sur le dualisme entre deux principes premiers, celui du Bien, créateur du monde spirituel, et celui du Mal, créateur du monde matériel. S'il veut s'unir à

◀ *Le château de Fénelon, classé Monument historique, vu de l'allée menant au premier châtelet.*

▲ *Sarcophage d'enfant, VIIe siècle.*

▲ *Croix pattée, vestige du repaire cathare.*

Dieu, l'homme doit s'affranchir de la matière, s'écarter du monde terrestre où règne Satan. Son essor est considérable durant tout le XIIe siècle. Malgré les prêches de saint Bernard à Sarlat, l'hérésie s'étend dans le Périgord tandis que les seigneurs de Fénelon épousent ses dogmes manichéens.

En 1208, le pape Innocent III lance la croisade contre les cathares qu'on appelle « Albigeois » et, en 1209, Simon de Montfort prend la tête des croisés. L'armée qu'il mène vers le comté de Toulouse s'engouffre dans la vallée de la Dordogne et assiège plusieurs forteresses ralliées au catharisme. Elle épargne, semble-t-il, celle de Fénelon, dont les liens étroits avec les hérétiques sont pourtant connus dans la région. Preuve en est, après l'instauration de l'Inquisition, en 1233 : le château est leur dernier lieu de refuge connu dans le secteur Sarlat-Gourdon-Souillac. En 1241, les inquisiteurs qui siègent alors à Gourdon traduisent devant leur tribunal Amalvin, seigneur de Fénelon. Celui-ci est condamné, avec son épouse Lucie, pour avoir accueilli, adoré des « parfaits » et participé à leur culte. Ayant abjuré leurs fautes, ils échappent tous deux à la sentence fatale, mais doivent partir en pèlerinage à Constantinople avec la double obligation d'y résider pendant trois ans et de porter ostensiblement, en signe de pénitence, l'emblème de la croix cousu sur leurs vêtements.

Qu'est-il advenu du château ? Les archives pour l'instant demeurent muettes, mais peut-être qu'une décision royale ordonna son démantèlement, ce qui expliquerait pourquoi cette première forteresse de Fénelon a entièrement disparu.

La guerre de Cent Ans et la forteresse anglaise

Bénéficiant de solides alliances, la famille de Fénelon demeure dans les lieux et rebâtit une nouvelle forteresse à la fin du XIIIe siècle. De cet édifice en bel appareillage de pierres subsistent certains pans de murailles, ainsi que le donjon autrefois crénelé, dont les murs enracinés à la roche, patinés par les vents, toisent toujours la vallée de la Dordogne.

Cette deuxième forteresse ne sera pas épargnée par les ravages de la guerre de Cent Ans. L'origine profonde de ce conflit tient à l'épineux problème du duché d'Aquitaine depuis son rattachement à la Couronne d'Angleterre par le remariage, en 1152, d'Aliénor d'Aquitaine au futur roi Henri II. Les souverains capétiens, désireux d'étendre leur hégémonie, ne peuvent laisser exister une telle enclave étrangère et entreprennent avec succès sa conquête en 1204. En 1259, le traité de Paris finit d'imposer au souverain anglais la suzeraineté du roi de France pour son duché d'Aquitaine, réduit de moitié par le traité d'Amiens signé en 1279.

Mais, devant la puissance grandissante de la dynastie capétienne, le roi Édouard III d'Angleterre profite de la crise politique survenue en 1328 – provoquée par le décès, sans héritier mâle, du roi de France Charles IV – pour faire valoir ses droits à la Couronne et partir à la reconquête de son duché et de sa pleine indépendance.

Le Périgord se trouve ainsi au cœur du conflit quand les hostilités éclatent en 1337. À côté des

▲ *Donjon, fin XIIIe-début XIVe siècle.*

chevauchées des deux armées royales, la guerre jette sur les routes du royaume ce qu'on appelle les « compagnies ». Agissant sous la protection de l'un ou l'autre camp, ces bandes de soudards ou « routiers » mènent une véritable guérilla mêlée de pillages et rançons, sous l'autorité de chefs de guerre aussi talentueux qu'intrépides.

L'un d'entre eux, Bertrucat d'Albret, à la solde du roi d'Angleterre, s'empare du château de Fénelon en 1356 et en fait un de ses principaux repaires d'où il organise ses razzias sur le Quercy et l'Auvergne. Cette année-là est aussi celle de la désastreuse défaite de Poitiers où le roi de France Jean II le Bon est fait prisonnier au terme d'un combat héroïque. N'ayant cure de la trêve qui s'est ensuivie (signée à Bordeaux en 1357) en vue des pourparlers entre les deux souverains, Bertrucat continue ses exactions depuis Fénelon, sans trop se préoccuper de savoir derrière quel parti se rallient ses proies.

Mais, le 8 mai 1360, est conclu le traité de Brétigny (signé le 24 octobre). Il reconnaît à Édouard III – en échange du renoncement à la Couronne de France – la souveraineté sur un gigantesque territoire allant du Poitou au Béarn et de la Guyenne au Rouergue. Soucieux de ménager les populations locales pour mieux asseoir son récent pouvoir, Édouard III se doit d'imposer son autorité sur ces troupes armées plus ou moins contrôlables qui infestent la région.

Bertrucat est alors sommé de remettre les clés de Fénelon au célèbre capitaine John Chandos, dépêché à Gourdon. C'est ainsi que la forteresse passe officiellement aux mains des Anglais qui resteront maîtres des lieux pendant quinze ans.

Une période de paix s'ouvre en Aquitaine érigée en principauté sous l'autorité du « Prince Noir », fils d'Édouard III. Il met en place une administration efficace mais, à la suite d'une onéreuse expédition en Castille, il décide de lever en 1368 un nouvel impôt pour une durée de cinq ans. Les grands seigneurs aquitains et de nombreuses villes s'insurgent et en appellent au jugement du roi de France, alors que ce dernier ne dispose plus d'aucun droit suzerain sur ce territoire.

La guerre reprend donc son cours en 1369. Les combats sont âpres et la plus grande confusion règne. « On n'osait se fier à personne, ne sachant qui était de tel ou tel parti. On changeait du soir au

▲ *Armure et son casque à bec de passereau. (Collections du château.)*

▲ *Statue de saint Georges, XVe siècle. (Collections du château.)*

matin de parti, pourvu qu'il y eût quelque chose à butiner sur son voisin, à cause de quoi on se défiait de tout le monde », comme le rappellera le chroniqueur Jean Tarde au début du XVIIe siècle.

Au milieu de ces tumultes, les Français parviennent à occuper Fénelon quelque temps, mais la garnison trop négligente se fait surprendre par les Anglais qui l'investissent à nouveau « au grand dommage du pays ». Ces derniers sont définitivement chassés des lieux en juin 1375 « à grands frais et fatigues », par l'ost du duc d'Anjou, frère du roi.

La fin de la guerre de Cent Ans et l'arrivée des premiers Salignac

Le 23 juin, au nom du roi de France, le sénéchal Menaud de Barbazan confie la garde du château à un seigneur des environs, Jean de Massault, après prestation de serment sur les Évangiles. Bénéficiant d'une nouvelle trêve signée en juillet entre les deux nations, il en devient propriétaire pour 1600 livres versées au Trésor royal et entreprend alors sa remise en état. Mais, en 1377, la guerre recommence. Le Périgord Noir, où s'entremêlent fiefs anglais et français, est particulièrement exposé. On ignore pour quelle raison la famille de Massault ne s'est pas maintenue à Fénelon, mais on peut présumer que, déjà endettée par son coûteux achat, elle n'a pas réussi à faire face aux besoins de la guerre. Elle se résigne alors à le vendre à la puissante famille de Salignac.

La maison de Salignac, issue vraisemblablement de celle de Turenne, remonte à l'orée du XIe siècle (un des ancêtres, Hugues, participa en 1096 à la première croisade). Elle tient son nom d'une terre du nord-est du Sarladais constituant l'un des fiefs les plus importants du Périgord. Déjà à la tête de plusieurs seigneuries voisines, l'acquisition de Fénelon vers 1410 lui permet d'asseoir considérablement sa position sur le versant sud de la vallée de la Dordogne. Le lignage qui fera souche à Fénelon prendra ainsi le nom de « de Salignac de La Mothe-Fénelon ». Jean de Salignac « le Vieux » est le premier représentant de la famille à occuper le château. Comme pour mieux célébrer son nouveau pouvoir, il lui ajoute de très belles tours jumelles couronnées de chemins de ronde sur mâchicoulis, mais ces dépenses se justifient aussi par la féroce poursuite de la guerre.

En 1445, Jean lègue Fénelon à son frère Raymond, conseiller, chambellan et sénéchal des Périgord-Quercy auprès des rois Charles VI puis Charles VII, et au fils cadet de celui-ci, Jean « le Jeune », conseiller et maître d'hôtel du roi Charles VIII. À eux deux, ils réparent les ravages causés par l'interminable conflit franco-anglais, remettent les fonds en culture, restaurent les églises et font du château une propriété digne de leur rang. La fin de la guerre de Cent Ans, à la suite de la bataille de Castillon en 1453, favorise la transfor-

▲ *Cuisines du donjon et son sol en pisé.*

▲ *Salle d'armes (armes du Moyen Âge au XVIIIe siècle).*

▲ *Façade sud avec les tours jumelles du début du XVe siècle. À gauche, tour des Confitures ; à droite, tour de l'Inquisition.*

mation de la vieille forteresse en une demeure élégante aménagée dans l'esprit du gothique finissant. On embellit le donjon – dont on mure les créneaux désormais inutiles – et le corps de logis sud par de larges baies à meneaux et des cheminées délicatement ouvragées, le chef-d'œuvre de ces travaux étant les deux monumentales lucarnes encadrées de pilastres et ornées de gâble surmonté de fleurons sculptés. On bâtit également l'imposante tour d'escalier à vis n'ayant plus aucune vocation défensive, mais exaltant la qualité des lieux et celle de leurs propriétaires. Enfin, c'est certainement à cette époque que le château se couvre entièrement de ces magnifiques toitures de lauzes qui font depuis sa renommée.

◀ *Lucarne sculptée, seconde moitié du XVe siècle.*

▲ *Première enceinte et son châtelet d'entrée, XVIe siècle. En haut, la caserne médiévale.*

Les guerres de Religion et le château refortifié

La première moitié du XVIe siècle s'écoule sans événement notable au château de Fénelon, au cœur d'un riche domaine et d'une région pacifiée. Mais les tensions grandissantes entre catholiques et protestants (appelés aussi huguenots) alimentées par l'ingérence de l'Angleterre et de l'Espagne finissent par déclencher les terribles guerres de Religion. Entre 1562 et 1598, pas moins de huit conflits se succèdent et déchirent le royaume de France. Le bruit des armes résonne à nouveau en Périgord.

En 1562, les troupes du capitaine protestant Bessonie dévastent la campagne autour de Fénelon et viennent jusque sous ses murs décharger leurs pétrinaux – comme en témoignent les impacts de balles toujours visibles sur les façades. Armand de Salignac de La Mothe-Fénelon, chevalier de l'ordre du roi et gentilhomme ordinaire de sa Chambre, est alors le seigneur des lieux, connu pour sa foi catholique et sa fidélité au souverain.

Sous l'action de son frère Bertrand de Salignac de La Mothe-Fénelon, le château occupe une place importante dans la défense de la cause royale. Lorsque Armand lui lègue la forteresse en 1577, Bertrand est déjà un personnage illustre. Sa brillante carrière a débuté en 1548 lorsqu'il part accompagner une ambassade au Portugal, puis en Espagne. En 1552, il participe vaillamment à la défense de Metz assiégée par l'empereur Charles Quint dont il écrit, à la demande du roi de France Henri II, une relation publiée en 1553. Il combat les Espagnols à Saint-Quentin (1557), puis l'armée protestante aux célèbres batailles de Dreux (1562) et de Saint-Denis (1567). Charles IX le couvre d'honneurs en le nommant gentilhomme ordinaire de sa Chambre, introducteur des ambassadeurs, chevalier de l'ordre de Saint-Michel et, en 1569, ambassadeur de France en Angleterre auprès de la reine Élisabeth Ire. Jusqu'en 1575, sa mission l'amène à défendre les plus hauts intérêts de la France : maintenir la possession de Calais face aux réclamations incessantes des Anglais, renouveler le traité de commerce avec un État de plus en plus puissant tout en contrant

▲ *Salle d'armes. Collections d'armes et armures du Moyen Âge au XVIIIe siècle.*

▲ *Tour découverte du XVIe siècle accolée à la tour des Confitures du XVe siècle. Au premier plan, échauguette, XVIe siècle.*

Armoiries de Bertrand de Salignac de La Mothe-Fénelon. Le blason, « d'or à trois bandes de sinople », est entouré des colliers de chevalier des ordres royaux de Saint-Michel et du Saint-Esprit. Le heaume rappelle son passé guerrier. Dans un phylactère, on lit sa devise « *A te principium tibi desinet* » extraite de la 8e églogue des *Bucoliques* de Virgile, qui signifie : « Par toi a commencé, par toi finira ».

▲ *Pétards, XVIe et XVIIe siècles. (Collections du château.)*

▲ *Poire à poudre, XVIIe siècle. (Collections du château.)*

► *Morion, XVIe siècle. (Collections du château.)*

▼ *Armure de reître, XVIe siècle. (Collections du château.)*

son soutien aux calvinistes français et tenter d'obtenir la liberté de Marie Stuart reine d'Écosse. Si son ambassade – une des plus difficiles à mener – a connu des fortunes diverses, la reine et sa cour n'ont cessé de le tenir en haute estime pour sa noblesse d'âme. Ainsi l'historien Carte raconte-t-il l'entrevue solennelle que la reine accorda à Bertrand pour justifier au nom du roi de France le terrible massacre de la Saint-Barthélemy durant laquelle il n'eut à subir aucune vexation ni brimade de la part de la cour toute vêtue de deuil.

À son retour en France, le roi Henri III le nomme conseiller d'État et le charge de soumettre le duc d'Alençon, déclaré chef du parti des Mécontents ou Politiques. En 1577, Bertrand est envoyé auprès du roi de Navarre (chef du parti réformé) à la place du maréchal de Biron pour faire observer l'édit de pacification aux conférences de Bergerac. Le reconnaissant parmi les grands du royaume, Henri III le reçoit au sein des chevaliers de l'illustre et nouvel ordre du Saint-Esprit. Bertrand repart outre-Manche en ambassade en 1581, pour négocier le mariage du duc d'Alençon avec la reine Élisabeth, et à nouveau en 1583, pour raffermir la paix entre l'Angleterre et l'Écosse.

En 1584, il est envoyé en Guyenne pour mener d'habiles négociations avec le roi de Navarre en vue d'une paix qui ne viendra pas. C'est à partir de cette année, tout en gardant des contacts étroits avec la cour, qu'il s'installe durablement au château de Fénelon. Chargé de la protection de tout le secteur Sarlat-Domme-Gourdon, il refortifie le site selon les ordres du roi, qui juge la place hautement stratégique. Après d'importants travaux de terrassement, il construit l'imposant bastion côté sud et ajoute une muraille munie de défenses en éperon. Désormais, le château apparaît telle une véritable citadelle avec ses trois enceintes fortifiées, son chemin d'accès verrouillé par deux châtelets surmontés de bretèches et son esplanade transformée en « boulevard » à canons. Enfin, les tours jumelles du XVe siècle sont renforcées chacune de tours terrasses, donnant à Fénelon cette particularité d'être un des rares édifices dans l'histoire castrale doté de tours accolées.

En 1587, Bertrand, capitaine d'une compagnie de 50 hommes d'armes, vient en aide à la ville de Sarlat, assiégée par le vicomte de Turenne. Il remporte une victoire éclatante qui passera à la postérité. La même année, c'est à Domme qu'il accourt pour aider à la défense du château du roi assailli par l'armée protestante du capitaine Geoffroy de Vivans, déjà maître de la bastide au terme d'une périlleuse escalade. Malheureusement, durant le combat, son neveu et héritier Jean de Salignac est tué d'un coup d'arquebusade.

Bertrand se retire alors à Fénelon et se tient à l'écart des derniers combats précédant la mort du roi

▲ *Grand-salle médiévale et son mobilier Renaissance.*

Henri III et l'accession au trône d'Henri de Navarre. Ce dernier, devenu Henri IV, l'appelle à ses services en lui confiant la plus importante des ambassades, celle auprès du Roi Très Catholique d'Espagne. Bertrand quitte Fénelon en 1599 pour aller prendre ses fonctions, mais, d'un âge très avancé, il meurt en chemin à Bordeaux.

Il est certainement un des personnages les plus illustres dans l'histoire du château. Dans son testament, les intérieurs nous apparaissent à la hauteur de son rang. Outre la vaisselle d'or et d'argent, les tapis d'Orient, les tapisseries de Flandres, s'y trouvaient également tous les souvenirs de ses hautes fonctions : les manteaux et colliers de chevalier des ordres du roi, une bague offerte par Marie Stuart, ainsi que son portrait, une chaîne en or donnée par Élisabeth d'Angleterre… Tant d'émouvants témoignages de gratitude pour cet éminent homme d'État ayant servi fidèlement quatre rois de France.

Le château et les derniers Salignac de La Mothe-Fénelon

Si la famille de Salignac de La Mothe-Fénelon conserve tout son prestige au XVIIe siècle, elle connaît cependant quelques soucis d'ordre financier. Aux dépenses nécessaires pour la remise en état des terres saccagées par les troupes protestantes à la fin du siècle précédent, s'ajoutent, comme en témoignent les archives du château, ces incessantes querelles de famille qui s'achèvent bien souvent par de coûteux procès. Et l'état des finances ne s'améliore guère quand sont lancés, vers 1630, les derniers grands travaux pour mettre le château au goût du jour. « Tenir son rang » ne va pas sans certaines obligations…

Ainsi aménage-t-on à l'étage du corps de logis l'« appartement » seigneurial, avec ses parquets et

▲ *Terrasse-promenoir et escalier à double révolution, XVIIe siècle. En arrière-plan, tour d'escalier à vis, XVe siècle.*

▲ *Notre-Dame de Fénelon, statue en bois polychrome, vers 1600. (Collections du château.)*

boiseries en noyer. La chambre dite « de Fénelon » se pare d'une magnifique cheminée toute sculptée de rinceaux, cartouches, paniers de fleurs et autres chutes de fruits. Classée monument historique en 1927, cette cheminée est considérée à elle seule comme une œuvre majeure de l'artisanat périgourdin.

La grand-salle du vieux donjon devient quant à elle la « galerie » aux murs décorés de portiques peints de style antique, au centre desquels on ne suspend pas moins de 33 portraits d'ancêtres depuis Hugues le Croisé. La gloire du lignage vaut bien une telle célébration.

Enfin, on remanie la façade d'entrée du château avec la construction de la monumentale terrasse-promenoir et de l'imposant escalier à double révolution. Ce dernier permet d'accéder à la cour intérieure – l'ancienne « haute cour » – désormais largement ouverte par quatre baies à meneaux sur le paysage de la vallée.

Le château actuel n'a guère changé d'aspect depuis ces travaux et il apparaît de nos jours tel qu'il était quand naquit en ses murs, le 6 août 1651, François de Salignac de La Mothe-Fénelon, le grand Fénelon, auteur des célèbres *Aventures de Télémaque*, connu aussi sous le nom de « Cygne de Cambrai » (voir le chapitre qui lui est consacré en fin d'ouvrage). C'est à cette occasion, comme le veut la tradition, que fut planté le majestueux cèdre du Liban dont l'âge vénérable en fait l'un des plus anciens de France.

Pons, le père de François, ne semble guère avoir cherché les honneurs, mais sa vie mérite toutefois d'être reconsidérée. En effet, après avoir combattu aux sièges de Montauban et de La Rochelle, Pons maintient activement la région, durant la Fronde, dans l'obéissance au roi, tandis que sévissent les troupes de Marsin, lieutenant du prince de Condé. En guise de reconnaissance, le 28 janvier 1653, Louis XIV lui adresse une lettre empreinte de gratitude et s'empresse, le lendemain, attendu l'importance du château et sa proximité avec Sarlat, d'ordonner au duc de Candale d'envoyer à Fénelon une garnison sous les ordres de Pons, titré alors comte de La Mothe-Fénelon.

L'inventaire des biens du château dressé après la mort de Pons, en 1663, énumère quantité de crucifix et tableaux religieux, autant de témoins de la grande piété qu'il partageait avec sa seconde épouse, Louise de La Cropte Saint-Abre.

Les deux seigneurs qui succéderont à Pons marqueront à peine l'histoire du château. Jusqu'à l'arrivée du marquis Gabriel-Jacques de Salignac de La Mothe-Fénelon.

Vue aérienne du château et son impressionnant système défensif.

En vue de son mariage avec Louise-Françoise Le Pelletier, petite-fille du ministre de Louis XIV, Gabriel-Jacques entre en possession de la seigneurie de Fénelon en 1721, par règlement anticipé de la succession paternelle. Âgé de 33 ans, celui qui a été élevé sous les yeux du grand Fénelon et qui ne cessera sa vie durant de suivre ses conseils et enseignements peut déjà se prévaloir d'une brillante carrière militaire commencée en 1704 et jalonnée de blessures, dont la dernière le laissera boiteux. En 1724, le roi Louis XV le nomme ambassadeur en Hollande. En 1725, c'est Gabriel-Jacques qui a l'honneur de présenter aux états généraux la notification du mariage du roi avec Marie Leszczyńska. En 1728, le marquis de Fénelon est envoyé comme plénipotentiaire au congrès de Soissons et négocie

▲ *Le cèdre du Liban planté le 6 août 1651, jour de la naissance de l'écrivain Fénelon.*

◀ *Antichambre avec son mobilier des XVIIe et XVIIIe siècles. Au mur,* Le Naufrage de Télémaque, *tapisserie de Bruxelles, vers 1720.*

avec la Hollande le traité de neutralité de 1733. Il est au faîte de sa gloire quand il reçoit, entre 1735 et 1740, les charges de gouverneur du Quesnoy, de lieutenant général des armées puis de conseiller d'État d'épée et, enfin, les colliers de chevalier des ordres du roi.

Le non-respect des États signataires de la « Pragmatique Sanction », qui permet à Marie-Thérèse d'Autriche de prendre possession des territoires héréditaires de la Maison de Habsbourg, précipite l'Europe dans la guerre dite « de Succession d'Autriche » (1740-1748). Les Pays-Bas sous administration des Habsbourg se voient contraints d'entrer dans la lutte après la déclaration de guerre de la France à l'Autriche en 1744. Gabriel-Jacques quitte son ambassade à La Haye pour reprendre les armes. Le 11 octobre 1746, il contribue à la victoire du maréchal de Saxe à la bataille de Raucoux, où il est grièvement blessé et ne survit pas à une amputation de la jambe. On ne peut trouver meilleur éloge de ce fidèle serviteur de la France que celui qu'en fit Voltaire : « Neveu de l'immortel archevêque de Cambrai, il avait été élevé par lui et en avait toute la vertu, avec un caractère tout différent. Vingt années employées dans l'ambassade de Hollande n'avaient point éteint un feu et un emportement de valeur qui lui coûta la vie. Blessé au pied depuis quarante ans et pouvant à peine marcher, il alla sur les retranchements ennemis à cheval. Il cherchait la mort et il la trouva. Son extrême dévotion augmentait encore son intrépidité : il pensait que l'action la plus agréable à Dieu était de mourir pour son roi. Il faut avouer qu'une armée composée d'hommes qui penseraient ainsi serait invincible. »

▲ *Le cabinet,* XVIIe *siècle;*
la chambre Louis XVI;
la chambre Empire.

▲ *Objets d'art religieux du* XIVe *au* XVIIIe *siècle.*
(Collections du château.)

▲ *Un des plus beaux panoramas sur la vallée de la Dordogne.*

S'il fit quelques séjours à Fénelon, ses hautes fonctions l'ont tenu éloigné de ses terres du Périgord. Il en est de même lorsque son fils aîné François-Louis hérite du domaine. Comme son père, il embrasse le métier des armes et combat avec la même vaillance lors des batailles du Nord. Il gravit la hiérarchie jusqu'au grade de lieutenant général avant d'être nommé par le roi gouverneur de la Martinique en 1763. Il meurt à son retour en France, en 1767. On lui connaît quelques actes en tant que seigneur de Fénelon – comme cette plainte qu'il dépose en 1753 au siège sénéchal de Sarlat contre le curé de Peyrillac qui chasse au furet sur ses terres –, mais depuis bien longtemps, le château et le domaine sont confiés aux intendants et le dernier membre de la famille à posséder Fénelon le vend en 1780, sans y avoir résidé une seule fois.

Ainsi s'achève au terme de 400 ans d'histoire la présence en ces lieux du brillant lignage des Salignac de La Mothe-Fénelon.

De l'abandon à la première sauvegarde du monument

Le nouveau propriétaire, Jean-Baptiste de Bouilhac, est fermier général de Sa Majesté. La Ferme générale, précisons-le, est une institution créée en 1680 à l'initiative de Colbert, rassemblant des particuliers ayant reçu le droit, par ordre du roi, de recouvrer les impôts et d'en conserver le produit moyennant le versement d'une somme d'argent au Trésor royal. En cette fin du XVIIIe siècle, le château a toujours fière allure, mais, quasiment inoccupé depuis un demi-siècle, c'est un vaste vaisseau à l'abandon. On y a même aménagé une magnanerie à l'intérieur.

M. de Bouilhac souhaite moderniser le site, mais ses prétentions se consument dans l'embrasement révolutionnaire du pays. En 1791, la Ferme est dissoute et, en 1794, la Convention nationale

▲ *La maison de la nourrice (XVIIe siècle) au pied du château, dans laquelle l'écrivain Fénelon passa les toutes premières années de sa vie.*

▶ *Vue d'ensemble du château et de ses trois enceintes, véritable citadelle fortifiée.*

confisque les biens des anciens fermiers généraux. Jean-Baptiste n'est alors plus de ce monde quand Fénelon est placé sous séquestre. Sa veuve Anne Marguerite de Saint-Astier parviendra à recouvrer sa propriété, avant de s'en séparer en 1815.

Son régisseur – marchand drapier de son état –, Élie-Martin Pigner, achète le château, ainsi qu'une partie des terres et dépendances, puis convertit le site en une vaste métairie. Désormais, le château est livré à de nombreux moutons et ces résidents pour le moins inattendus n'hésitent guère à emprunter le grand escalier à vis pour investir les anciennes salles d'apparat !

En 1859, le fils d'Élie-Martin revend le château ô combien délabré au comte Ernest de Maleville. Commence alors la première renaissance de Fénelon.

Issu d'une lignée de pairs de France, Ernest ne suit pas les talentueuses carrières juridiques ou politiques de ses aïeux initiées par l'arrière-grand-père Jacques, l'un des quatre rédacteurs du Code civil voulu par Napoléon. Esprit moderne, il s'intéresse au progrès en agriculture et fait de Fénelon une exploitation exemplaire. C'est surtout un homme de goût et de grande culture qui entreprend la restauration de la forteresse. On ne peut que louer la finesse avec laquelle il dirigea les travaux, là où tant de monuments sacrifièrent à la vague romantique de la néogothisation. On doit également à Ernest la sauvegarde des archives du château. Éparpillées dans tous les greniers, en proie aux rongeurs et au désintérêt qu'elles suscitaient jusque-là, leur collecte est peut-être la première action notable qu'il entreprend à son arrivée. Si de nombreux actes sont perdus, le « chartrier » de Fénelon, toujours conservé sur place, a retrouvé grâce à lui plus de 2000 documents couvrant une période s'échelonnant du XIVe siècle à l'orée de la Révolution française. Enfin, Ernest reconstitue patiemment le domaine qui s'était morcelé peu à peu entre la Révolution et les ventes de 1815 et c'est ainsi qu'aujourd'hui encore le château domine à nouveau ses terres et ses très belles dépendances dispersées tout autour.

De son vivant, il lègue Fénelon à son fils Lucien, artiste peintre réputé. Dans ce lieu propice à la

contemplation, là où le grand Fénelon trouva les esquisses de sa future Ithaque, Lucien dans son enfance y ressentit ses premiers émois d'artiste. Sa renommée sans cesse grandissante le place désormais parmi les dignes représentants, au côté d'Henri Martin, de cette École du Sud-Ouest, brillante illustration du courant postimpressionniste. Mais le bouleversement des campagnes au lendemain du premier conflit mondial, déjà touchées en 1880 par le phylloxéra qui décima les vignes d'Aquitaine, dont celles du domaine – car Fénelon était au centre d'un vignoble –, contraint Lucien à se séparer à grand regret de ce lieu chéri. Soucieux du devenir du site, tout en étant conscient qu'un tel monument ne peut appartenir au destin d'un seul homme, il obtient le classement de Fénelon au titre des Monuments historiques l'année de son départ, en 1927.

L'histoire continue

Après les Maleville, le château vit ses derniers fards jusqu'à la veille de la Seconde Guerre mondiale, avec la famille Cousino de San Carlos dont l'une des enfants, la princesse Micaela, par son mariage avec SAR Henri d'Orléans, deviendra l'actuelle comtesse de Paris.

Après avoir servi durant les années noires de quartier général à l'Armée secrète, le château connaît le destin de bien des monuments. À une époque où le lien à la terre s'est distendu, où ces vastes demeures se cherchent des reconversions, Fénelon connaît une succession de propriétaires, certains n'y restant même pas plus d'un an... De fait, les grands travaux qu'il aurait fallu poursuivre

Curiosité
La Sirène
des Mers de Chine
Sujet naturel momifié
ramené vers 1900 du port
de Singapour par un marin

à la suite d'Ernest n'ont jamais été menés à leur terme. On se contente bien souvent de faire propre sans se soucier véritablement de l'état des lieux et le confort moderne l'emporte sur le sens du patrimoine, à l'image d'une salle de bains créée dans l'ancien oratoire couvert de fresques !

Quand mes parents, Jean-Luc et Dominique Delautre, reprennent Fénelon en 1990, le château est comme rattrapé par le poids des ans. Inhabité depuis une décennie, abandonné aux ronciers envahissants dès que cesse l'entreprise humaine, il apparaissait tel un burg de Friedrich, n'ayant plus comme étai, pour supporter l'œuvre du temps, qu'une forte présence, écho de son riche passé.

Parcourir les salles vides, semblables à des nefs, c'était ressentir l'ineffable mélancolie des choses qui furent. Les murs autrefois couverts de tapisseries sur l'histoire d'Absalon exhibaient leur nudité lépreuse. Nous savons depuis que derrière ces enduits de plâtre insipide se cachent des peintures murales polychromes.

Des collections du château, il ne reste plus alors que le portrait du grand Fénelon ornant la magnifique cheminée en noyer sculpté, ainsi que le lit à colonnes torses qui le vit naître et qu'on trouve mentionné dans l'inventaire de 1664. Après maints efforts, ces deux reliques ô combien précieuses furent maintenues *in situ*.

Les premiers travaux commencent en vue de l'ouverture au public prévue dès l'été 1990. Au fil des années, au gré des restaurations, le circuit de visite s'enrichit de salles supplémentaires et le monument reprend vie. S'il abrite désormais les collections familiales – qui célèbrent à elles seules des pans entiers de l'histoire de l'art –, il retrouve aussi peu à peu les morceaux éparpillés de son propre passé, tels le buste en marbre blanc du duc de Bourgogne vendu jadis aux États-Unis ou les archives du château de retour sur place grâce à la bienveillance du comte et de la comtesse Guy de Maleville.

Défendre la mémoire des lieux, c'est également défendre celle d'un homme : François de Salignac de La Mothe-Fénelon. Depuis 1990, ma famille s'investit sans relâche pour rassembler documents, livres, gravures, tableaux, objets d'art concernant l'écrivain. En 2015, à l'occasion du tricentenaire de la mort de Fénelon, une partie de ce fonds est exposée pour la première fois au public. Devant le succès rencontré, il a été décidé de maintenir l'exposition avant sa présentation complète prévue dans les combles du corps de logis seigneurial.

La route est encore longue : restaurer les charpentes et toitures de lauzes, dégager les décors peints des salles d'apparat, reconstruire la tour d'artillerie du XVe siècle effondrée à la suite d'une déflagration supersonique d'un avion de chasse, aménager les extérieurs dont le vaste parc sont quelques exemples des innombrables actions futures qu'il reste à mener.

*

À une époque où tout se périme si vite au nom du progrès et du consumérisme, où la sensibilité s'efface devant les approches ludiques et faussement enrichissantes du virtuel, le château de Fénelon appartient à ces lieux authentiques où la beauté esthétique et la force d'âme n'existent qu'en composant avec le Temps.

Formulons le vœu que le château apparaisse au visiteur comme la mémoire vivante de générations d'individus ; et que, au détour d'un chemin de ronde, du grincement de bois d'un vieux meuble jusqu'au bruissement d'ailes des crécerelles nichant en haut du donjon, résonnent encore le bruit étouffé des gradines des tailleurs de pierre et des doloires des charpentiers, l'onde sonore des chevauchées de Bertrucat ou le cliquetis des vouges s'entrechoquant durant l'assaut, les chants occitans des troubadours de la *fin'amor* ou encore les vers d'Homère que récitait le jeune Fénelon à l'ombre des « pénates gothiques » de ses ancêtres...

◀ *Le buste en marbre blanc du duc de Bourgogne, XVIIIe siècle. (Collections du château.)*

◀ *Le cabinet de curiosités résume à lui tout seul la diversité des collections familiales.*

▲ Chemin de ronde de la tour des Confitures, XVe siècle.

▲ ▼ Charpente en châtaignier de la tour des Confitures, XVe siècle.

◀ Premier châtelet d'entrée, XVIe siècle.

▲ Fénelon est l'une des rares forteresses à avoir conservé, depuis le Moyen Âge, des toitures en lauze.

▲ *Mur du donjon bâti sur la roche. Fenestrou gothique.*

▲ *Puits de la cour intérieure, creusé dans la roche sur près de 80 mètres. Un des plus profonds de France.*

De la roche à la lauze

Le château repose sur une assise rocheuse qu'il fallut par endroits considérablement tailler, aplanir ou percer. De ce calcaire blond aux diverses patines grisâtres ont été extraites les pierres nécessaires à l'édification des murs, ainsi que les dalles, appelées « lauzes », employées sur les toitures. D'un poids conséquent (de 500 à 700 kg par m²), calées dans les charpentes et disposées sans liant, ni clous ou chevilles, les lauzes participent à la force et à l'harmonie si particulières du lieu.

▲ *Façade d'entrée, XVIIe siècle.*

▲ *Chambre dite « de Fénelon » avec sa magnifique cheminée sculptée et le lit à colonnes dans lequel naquit l'écrivain Fénelon, XVIIe siècle.*

▲ *Portrait de Fénelon, d'après Vivien, XVIIIe siècle. (Collections du château.)*

▲ *Portrait du duc de Bourgogne, École de Rigaud, début du XVIIIe siècle. (Collections du château.)*

François de Salignac de La Mothe-Fénelon

En ce milieu du XVIIe siècle, Pons de Salignac de La Mothe-Fénelon (1601-1663) est le seigneur du château. De son mariage avec Isabeau d'Esparbès de Lussan, fille du maréchal d'Aubeterre, il a onze enfants. À la suite du décès de son épouse en 1645, Pons songe à se remarier à Louise de La Cropte Saint-Abre, mais hésite en raison de la différence d'âge et de noblesse avec sa jeune promise. On consulte alors les proches, dont saint Vincent de Paul qui approuve le projet et assure qu'il naîtra de cette union « la gloire de la famille ». Le mariage est conclu en 1647. De ce second lit naissent trois enfants, dont François, le grand Fénelon…

Sur les sentiers de la gloire

Le 6 août 1651, François de Salignac de La Mothe-Fénelon voit le jour au château dans la très belle chambre qui porte depuis son nom. Après une enfance simple et heureuse, il se destine à la vie religieuse. Ses études le mènent de Sarlat – auprès de son oncle, évêque de la ville – jusqu'à Paris, au séminaire de Saint-Sulpice.

Ordonné prêtre en 1677, il force l'admiration de la société parisienne par la pertinence de ses prêches. Ses dons d'orateur l'amènent à œuvrer pour la conversion des protestants. Mais ce sont davantage ses qualités de pédagogue qui lui font connaître la notoriété quand, à la demande de la duchesse de Beauvilliers, fille du ministre Colbert, il compose et publie, en 1687, le *Traité de l'éducation des filles* aux idées novatrices.

Quelques années auparavant, en 1682, l'épouse du Grand Dauphin met au monde Louis, duc de Bourgogne, deuxième par ordre de succession au trône. L'âge de sept ans atteint, l'éducation princière du petit-fils du roi peut alors commencer. Fénelon a rendez-vous avec la gloire quand Louis XIV l'appelle à Versailles pour assumer la charge de précepteur du petit Louis.

Au plus près du Roi-Soleil

Afin d'éviter des cours laborieux, Fénelon compose des écrits pédagogiques sous forme de fables, de dialogues entre personnages illustres – comme les *Dialogues des morts anciens et modernes* – et des récits d'aventure – dont *Les Aventures d'Aristonoüs* ou *Les Aventures de Télémaque*. Les résultats obtenus auprès du prince, élève réputé difficile, sont salués de tous, y compris Louis XIV qui décide de nommer Fénelon précepteur des « Enfants de France », en lui confiant l'éducation de ses deux autres petits-fils : le duc d'Anjou (futur roi d'Espagne) et le duc de Berry.

Fénelon est déjà considéré comme un des esprits les plus brillants de la cour quand il est admis à l'Académie française en 1693, siégeant dès lors aux côtés de La Fontaine, Racine ou La Bruyère. Mais c'est en 1695 qu'il atteint le faîte de sa gloire, quand le roi le nomme archevêque de Cambrai. Titré duc du Cambrai, comte du Cambrésis et prince du Saint Empire (par les liens de vassalité unissant Cambrai à l'Empire germanique), Fénelon compte parmi les plus éminents ecclésiastiques du royaume.

▲ *Chapelle du château dans laquelle Fénelon fut baptisé.*

▲ *Fénelon surnommé « le Cygne de Cambrai ».*
Miniature du XVIIIe siècle peinte par Charlier. (Collections du château.)

▲ Souvenirs de Fénelon (collections du château) :

– Grande boîte vers 1830. Le couvercle est orné d'un fixé sous-verre représentant Fénelon rapportant une vache volée par l'armée ennemie à une pauvre famille de paysans. Une scène emblématique de l'imagerie fénelonienne.

– *Les Aventures de Télémaque*, première édition publiée à La Haye en 1699 sans l'accord de Fénelon. Malgré l'interdiction de diffusion en France, cette édition finira par arriver à la cour de Versailles et, provoquant l'ire du Roi-Soleil, entraînera la disgrâce de Fénelon.

– Biscuit de Sèvres représentant Fénelon réalisé à partir de la fin du XVIIIe siècle, d'après la statue commandée par le comte d'Angivillier au sculpteur Lecomte. Cette statuette témoigne de la ferveur attachée à Fénelon durant le siècle des Lumières.

La querelle du quiétisme

À Versailles, Fénelon est devenu un proche confident de Madame de Maintenon qui lui présente Jeanne Guyon, connue pour ses penchants mystiques. On peut parler d'une véritable communion d'esprit entre elle et Fénelon. En 1697, il publie *Explication des maximes des saints* qui expose les principaux fondements du « pur amour ». Une partie du clergé français, jaloux de l'ascension fulgurante de Fénelon, pressenti pour occuper un jour les plus hautes fonctions de l'État, se lance violemment dans la controverse et condamne ses écrits.

Face à l'ampleur du conflit connu sous le nom de « querelle du quiétisme », Fénelon demande au roi lui-même de soumettre son livre à l'examen du pape. Louis XIV accepte – fait rare chez ce monarque, qui n'accorde aucune intervention autre que la sienne dans le règlement des affaires intérieures du royaume. Malheureusement, malgré un premier jugement clément de la papauté et en raison de l'acharnement de Bossuet, le pape Innocent XII condamne définitivement en 1699 *Explication des maximes des saints* de Fénelon. La disgrâce est consommée. Fénelon, retiré dans son archevêché, ne paraîtra plus jamais à la cour.

La publication du Télémaque

Les Aventures de Télémaque constituent le chef-d'œuvre littéraire de Fénelon. Écrit à l'origine pour l'enseignement du duc de Bourgogne, ce texte se présente comme une suite de l'*Odyssée* d'Homère. En effet, Fénelon imagine les péripéties que rencontre le jeune Télémaque parti à la recherche de son père Ulysse, disparu depuis la prise de Troie. Mais derrière le récit épique, il donne une véritable leçon de philosophie politique à son élève, dans laquelle l'absolutisme et toute référence au gouvernement de Louis XIV sont violemment critiqués.

Sa divulgation au grand public à la suite du vol d'une copie du manuscrit par un valet indélicat est à l'origine d'un des plus tonitruants scandales politico-littéraires du siècle du Roi-Soleil. En même temps, elle révèle une œuvre littéraire et philosophique de première importance. En effet, en 1699, est publiée – sans l'accord de leur auteur – à Paris, puis à La Haye, l'édition originale des *Aventures de Télémaque*. Malgré des édits royaux tentant d'en interdire la vente en France, le succès est immédiat et scelle définitivement la disgrâce de Fénelon.

▲ *Ouvrages de Fénelon publiés au XVIIIe siècle et pendule en bronze doré à son effigie, vers 1820. (Collections du château.)*

Entre espoir et tragédie

Fénelon se consacre alors entièrement à son diocèse. Avec la reprise de la guerre dans le nord du royaume, il s'évertue à venir en aide à la population comme aux soldats souffrants et, lorsque la famine frappe, il requiert des « distributions larges et judicieuses ». Apôtre de la charité à la bonté exemplaire, Fénelon éveille une ferveur sans cesse grandissante.

En 1711, le Grand Dauphin, fils de Louis XIV, meurt. Le duc de Bourgogne devient l'héritier direct du trône. Fénelon, avec le concours de ses amis de toujours, parmi lesquels le duc de Chevreuse, rédige pour son ancien élève un plan de gouvernement intitulé les *Tables de Chaulnes*, ainsi qu'un *Examen de conscience sur les devoirs de la royauté*. Ses conseils touchent aussi bien les questions d'affaires intérieures qu'extérieures. Il prévoit ainsi la consultation régulière des états généraux conçus comme des assemblées permanentes d'élus délibérant librement, véritable préfiguration de ce que sera l'Assemblée nationale. Il préconise la suppression des pensions allouées aux courtisans et de l'hérédité des charges. Il propose aussi d'établir une monarchie nobiliaire, seul rempart contre le despotisme, avec une aristocratie épurée et rénovée promouvant le mérite. L'État doit s'affranchir du luxe et d'un train de vie dispendieux et se consacrer exclusivement au Bien commun (développer l'agriculture, encourager la propriété paysanne, la liberté du commerce...) tout en se soumettant à la loi. Enfin, profondément bouleversé par les misères de la guerre, il refuse le principe d'un droit de conquête pour mieux défendre le droit des gens et suggère un ordre européen équilibré, tourné désormais vers la concertation et le développement des échanges économiques plutôt que les moyens militaires.

Hélas, en 1712, le nouveau dauphin et son épouse succombent à une épidémie de rougeole à Versailles, mettant un terme aux espoirs de réforme du royaume et à un retour en grâce de Fénelon. Le prélat voue les dernières années de sa vie aux bienfaits de son diocèse et de son peuple qu'il visite régulièrement lors de grandes tournées pastorales, jusqu'au jour où son carrosse chute dans une rivière. Le médecin de Philippe d'Orléans (futur Régent), le célèbre Chirac, est dépêché à son chevet. Déjà très affaibli, Fénelon meurt le 7 janvier 1715. Louis XIV apprendra avec tristesse son décès. « Il nous manque bien au besoin », aurait-il prononcé... avant de s'éteindre à son tour quelques mois plus tard.

La postérité

Fénelon laisse un héritage conséquent malheureusement trop méconnu. Qui se souvient que *Les Aventures de Télémaque* furent encore, deux siècles après leur première parution, l'ouvrage le plus publié et traduit de toute la littérature française ? Livre d'instruction des princes comme des peuples, en même temps qu'il s'érige comme un texte fondateur de la culture classique et d'un genre littéraire nouveau, celui du roman d'apprentissage, qui influencera jusqu'à Aragon.

Fénelon, mal compris du clergé rigoriste de son temps, fait partie des grandes figures religieuses ouvrant l'Église au mysticisme et à l'humanisme qui donneront tant de saints à la vie exemplaire.

Mais c'est aussi le penseur politique, chantre de l'anti-absolutisme aux idées réformatrices, qui amènera les philosophes des Lumières, de Montesquieu à Rousseau, à le considérer comme leur précurseur.

Fénelon traversera les révolutions et changements de régime qui émailleront le XIXe siècle en renforçant l'image d'un homme n'ayant jamais cédé aux bassesses de la courtisanerie et dont la puissance morale et intellectuelle le place désormais au Panthéon des grands personnages de notre Histoire.

« Souviens-toi de la fragilité
des choses humaines. »
Fénelon, *Les Aventures de Télémaque.*

Remerciements

Nous tenons à remercier vivement les visiteurs qui, tous les ans, franchissent les (nombreuses !) portes du château.
C'est par leur regard attentif, sensible ou intéressé porté sur lui que le patrimoine perdure et qu'à travers lui,
la mémoire de ceux qui ont vécu vivra.

▲ *Gargouille ornant la façade d'entrée, XVIIe siècle.*

▼ *Le château de Fénelon, un site authentique.*

Crédits photographiques

Louis Bourdon : 1re de couverture (en bas).
Arnaud Chicurel : p. 12 (en haut), 18, 24 et 28 (en haut).
Béatrice Mollaret : 1re de couverture (en haut), 4e de couverture (en haut, à gauche), p. 1, 10 (en bas), 12 (en bas, à droite), 13 (en haut, à droite et milieu), 15 (à gauche), 16-17, 21, 22, 25, 26 (en bas), 27, 28 (en bas), 30 (à droite), 32.
Jérôme Morel : 4e de couverture (en haut, à droite), p. 6, 7, 8, 9, 10 (en haut), 11, 12 (en bas, à gauche), 13 (en haut, à gauche), 14, 15 (à droite), 19, 20, 26 (en haut), 29, 31.
Dominique Repérant : p. 4.
Lucien Roulland : p. 2.
Droits réservés : 1re de couverture, p. 23 et 30.

Informations pratiques

Château de Fénelon
24370 Sainte-Mondane
Tél. : 05 53 29 81 45
Fax : 05 53 29 88 99
Mail : chateau.fenelon@orange.fr
www.chateau-fenelon.fr

Le château, classé au titre des Monuments historiques, est adhérent de la Demeure historique, des Vieilles maisons françaises, de la Fédération nationale des maisons d'écrivains et des maisons d'écrivains d'Aquitaine.

En 1re de couverture :
Le château et ses emblématiques tours accolées des XVe et XVIe siècles.
En haut : Scène de combat mythologique, détail d'une poire à poudre du XVIIe siècle. (Collections du château.)

En 4e de couverture :
Portrait de l'écrivain Fénelon, XVIIIe siècle. (Collections du château.)
Tapisseries du XVIIe siècle de la grand-salle du donjon.

Ce livre a été imprimé par Soler en Espagne. La photogravure est de Labogravure à Bordeaux (33).
ISBN : 978-2-8177-0528-6 – Éditeur : 01.02.06.17